GEHÖRT

~~~~~~~~~~~~~~~~~~~~~~~~~~~~~~~

ILLUSTRATIONEN VON:

BESUCHEN SIE UNS ONLINE:
www.YoungDreamersPress.com

MARKIEREN SIE UNS IN IHREN FOTOS & VIDEOS:
www.instagram.com/youngdreamerspress
www.tiktok.com/@youngdreamerspress

WIR SIND AUCH AUF FACEBOOK:
www.facebook.com/youngdreamerspress

©2019 YOUNG DREAMERS PRESS
ALLE RECHTE VORBEHALTEN.

ISBN-13: 978-1-989790-05-2

KEIN TEIL DIESER PUBLIKATION DARF VERVIELFÄLTIGT, VERBREITET ODER ODER IN IRGENDEINER FORM ODER MIT IRGENDWELCHEN MITTELN, EINSCHLIESSLICH FOTOKOPIE, ÜBERTRAGEN WERDEN, ODER ANDERER ELEKTRONISCHER ODER MECHANISCHER METHODEN, OHNE DIE VORHERIGE OHNE VORHERIGE SCHRIFTLICHE GENEHMIGUNG DES HERAUSGEBERS VERVIELFÄLTIGT ODER ÜBERTRAGEN WERDEN, MIT AUSNAHME VON ZITATEN IN KRITISCHEN REZENSIONEN UND BESTIMMTEN ANDEREN NICHT-KOMMERZIELLE NUTZUNG, DIE DURCH DAS URHEBERRECHT ERLAUBT IST.

ABER WARTEN SIE, DA IST NOCH MEHR!

BESUCHE GO.YOUNGDREAMERSPRESS.COM/FARM

UM UNSEREN NEWSLETTER (AUF ENGLISCH) ZU ABONNIEREN UND MACHEN SIE IHRE WELT BUNTER MIT KOSTENLOS AUSDRUCKBAREN MALVORLAGEN!

Alle Seiten haben eine Größe von 8,5 x 11 und umfassen eine breite Palette von Themen, darunter: Tiere, Kätzchen, Meerjungfrauen, Einhörner, Mandalas, ein Astronaut, Planeten, ein Feuerwehrauto, ein Baufahrzeug, Cupcakes und mehr!

AUCH VERFÜGBAR

www.YoungDreamersPress.com

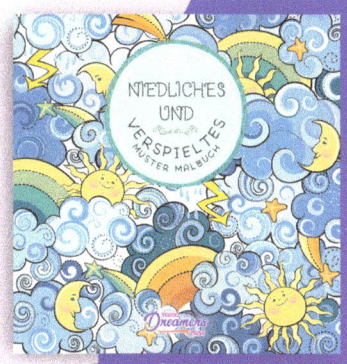

978-1-989790-02-1

978-1-989790-03-8

978-1-989790-04-5

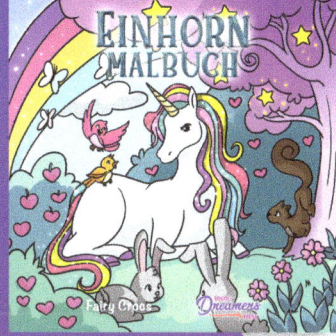

978-1-989387-97-9

978-1-989790-14-4

978-1-989790-15-1

978-1-989790-43-4

978-1-989790-68-7

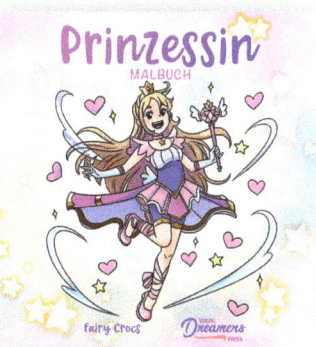

978-1-990136-10-8

978-1-777375-37-9

978-1-989790-06-9

978-1-989790-05-2

978-1-990136-26-9

978-1-990136-65-8

www.ingramcontent.com/pod-product-compliance
Lightning Source LLC
LaVergne TN
LVHW070221080526
838202LV00068B/6876